Jung Hye-Ok

시인 정혜옥

불러 세우다

정혜옥 시집

불러 세우다

Poetics 시학

■ 시인의 말

여섯 해 만에
두 번째 시집을 엮는다.

여전히 부끄럽고 용기가 필요했지만
고여 있지 않고
얕게나마 흐르고 있었구나, 라고 자위해 본다.

내 영혼의 배가
'시' 라는 항구에 종종 닻을 내릴 수 있다면
좀 더 깊어지는 물길
헤집어 갈 수 있지 않을까, 생각한다.

지켜봐 주시는 주위 분들께
오래도록 한결같은 사랑 건네고 싶다.

2014년 3월
정혜옥

차 례

제1부

제2부

제3부

제4부

제1부

녹슨, 오수

모내기 한창인 논두렁에
나이 든 자전거 한 대
제 그림자 내리고 잠시 졸 듯,

까치발 높이 솟은 솟대도 아니고 귓불 커다란 당나귀도 아닌, 흙에 몸을 갈아 낡아 버린 생의 바퀴 내려다보며 번득이는 빛살 챙챙 감아 돌리던 유년의 꿈에 빠져 어지럼증 앓는 듯,

페달 돌리며 번번이, 길 오르다 발목 접질리고 내려오다 이마를 찧었을 세월의 톱니에 등줄기 끌어 올리던 시절 떠올리고 있는 듯,

부러진 바큇살 사이로
야윈 바람이
알 수 없는 동그라미 문장을 그리며
묵은 녹을 핥고 있다

일탈

지하철 오르내리는 계단 위,
사마귀 한 마리 타일 바닥에 어정쩡 엉겨 있다
사람들의 발길이 바람 일으킬 때마다
편편한 등허리에
공포의 해일 우뚝 일어서다 무너진다
저 울 밖, 웃자란 풍문에 부풀어 올라
그는 날마다 턱없는 시도를 했으리라
몸까지 타일 빛깔로 바꿔
이제 푸른 풀숲의 기억은 그를 떨쳐 낼 것이다
출구 없는 결핍 앓다가
시야 잃어버린 떠돌이 떠돌이여!
곧 벽이 앞을 가로막고
굉음이 고막에 상처를 낼 것이다
가라! 어서 가라!
잘 보이고 잘 들리는 길은 하나다
제 몸빛 찾아
제 살 내음 찾아
이제 뒷걸음질이라도 해 보거라
일탈이 몽유의 비탈임을 알 때까지

새경

한겨울 죽비가
무서리 뒤집어쓴 홍시 이마
탁! 후려친다

쏟아지는 달빛에 제 몸 헹구어 낸 수정 별들이
불어 터진 생살 어루만져 주는 긴긴밤

말랑말랑한 단단함으로 끄떡없이
온몸 동공인 채 등불 켜는 홍시

푸른 새벽녘, 먼 그대
첫 소식 물고 온 까치에게
새경 열어 주는 농익은 시뻘건 심장

품고 있던 씨앗
죄짐처럼 떨어뜨리고 비로소 몸 비우는
이름 없는 한 생애의
깜박 잦아지는 저 홀로 환한 다비

천형

진눈깨비 후려치는 대낮
깡마른 대나무 한 그루, 후들후들
추녀에서 떨어지는 고드름 물 맞고 있다

눈 감은 채 기울일 귀까지 어두워 졌나
온몸 꽉 다물고
침묵의 돌담 쌓고 있다

겨우내 잔설 밟고 내려온 산바람
댓잎에 스석 스석
고드름 무게만 꽁꽁 두꺼워지고

천형 얼음 자물통 깨트릴 봄 신령은
어디쯤에서 눈이 멀어 날씨 앓이 하고 있나

눈부신 고통

염천의 비탈
뙤약볕 내리쏟는 길가
철 지난 고추나무 하나 나뒹굴어져 있다

잎도 줄기도 하얗게 깡말라 그녀가 지금 막 명줄을 놓아 버리려는 경각에 빨갛게 익어 가는 삐뚤삐뚤한 고추 하나 맹렬히 숨길 오르내린다

젖줄은 이미 끊긴 지 오래
누구 그 유선에
젖이 돌아오게 할 이 없나요

온몸의 혈맥 다잡아 끌어 올린다 한들 아기 심장 뛰는 소리 다시 들을 수 있을까
바람도 햇살도 그녀의 한 생애를 비껴가는데 덜 자란 제 못난 아기 차마 내려놓을 수 없는, 어머니

산고보다 더 붉은 고통이여
가슴 저린 저 눈부심이여!

장대비 내리면

늦여름 찬비 내리는 밤
불빛에 홀려 창틈으로 스며 들어온 여치 한 마리 베란다 꽃기린 화분에 들붙어 어쓱어쓱 밤의 북채를 쳐대네요
가끔 목울대에서 어둠이 무릎관절을 꺾네요

타는 석양보다 더 붉은 여치 울음, 내 선잠 깨워 심장을 후비자 잊었던 옛길들 등불 켜 일어서고

빗줄기 굵어져 천둥 밀어오는 소리 허공 가르네요

저토록 장대비 땅을 치며 달려오면 칡넝쿨 걷어 낸 젖은 땅에 젊은 아내 누이고 돌아오던 아배의 실신 내 안에 성큼 들어서고

강물 허리 소잔등처럼 휘돌아가던 그때가 맹인 점자 찾아가듯 심장 벽에 오돌토돌 핏발을 불러 세우네요

밤의 한가운데 낭자한 여치 뼈 울음소리

말라 가는 물관부 뒤흔드는 여름의 끝자락 말아 올리네요

느티나무 수화

모서리가 닳아 반백이 된 한 세월이
삼 톤 트럭 타고 이사를 간다
꽃샘추위에 각을 세운 햇살 눈썰미가 날카롭다

온 식구들의 옷을 받아 주던 옷걸이는
왼팔이 잘린 채
유난히 삐져나와 공중을 들이받는데
불 지펴 수년 동안
삶의 날것들 익혀 왔을 녹슨 가스통
버젓이 뒷자리 차지하고 있다
저 어긋난 등받이 나무 의자는 삐걱삐걱
큰 아이 하나를 대학까지 길러 내지 않았을까
더는 새것으로 바꿀 수 없는
훤히 속 들여다보이는 낡은 시간의 각질들
둘째 아이 뒷바라지 위해
혹여 몸집 좁혀 가고 있는 것은 아닐까

한 지붕 안에서 서로

각자 제 몫 단단히 했을 남루의 집기들
트럭 안에 비집고 들어앉아
서로 얹히고 앉히며 뒤뚱뒤뚱 이사를 간다

트럭 속의 그들 자꾸만 뒤돌아보는데, 마을 초입
아침 햇살 어루더듬고 있는 느티나무가
아직 마음 떼어 보내지 못한 채
잘 가라고 더듬더듬 수화를 한다

소금사리 뫼꽃

미명도 눈뜨지 않는 어스름 새벽녘
온몸 세포 빼끔빼끔 깜박이는 서해 갯벌

흑두루미 한 분
기우뚱기우뚱 갯골을 간다

생의 소금바람 몸에 휘감고
아침거리 그물망 던지러 가는 걸까

누가 흑두루미를 나그네 새라고 했나

바다의 힘살 각인된
삶의 발자국 첩첩 쌓인 굽은 등

몸 바꿀 겨를도 없이 개펄에 산란된 시간들
어느 가장자리에서 첫발 떼었을까

그에게 생계의 밥이었을 소금바람, 바람은

조만간 저 늙은 어부의 등에 소금사리 뫼꽃으로 피어나고

바다의 내력으로 결무늬 진 영혼의 작은 섬 하나
까마득히 전설처럼 떠다니겠지

저물녘 한때

그대는 말랑말랑한 빛 항아리
하루의 살과 뼈 비우려고
쪽 섬 그늘 바다에 살포시 엉덩이 내리지
바다 살결 매만지며 자글자글 몸 녹이지

한 발 한 발 가까워져서
제 몸 알갱이 하나씩 툭툭 바다에 던지면
나신裸身의 바다에 유황빛 노을이 번지고
바다는 튕겨 나오는 빛 알갱이 후딱 받아 둥둥 띄우지

그늘 끝까지 투과하는
온 세상 잡티 다 삭힌 그분 성령聖靈이
살아 숨 쉬는 빛별로 내게 오시는 건가

넘치는 빛 바다 위에서 훌훌 뛰놀면
숭어도 망둥이도 폴짝폴짝 곡예를 하고
꾸룩꾸룩 바닷새들 공중 나래를 펴지

살점 하나 남기지 않고 다 쏟아 내는 빈 항아리
서편으로 자취 없이 기울어 가면
내 갈망의 덤불들도
허공에 재가 되어 감쪽같이 흩날리지

어느새 내 안에 슬몃슬몃 빛무리 어리어 들고
마음 한켠 수북이 쌓인 퀴퀴한 먼지 말끔히 씻어 내
갓 난 깃털로 가벼워져서 온몸 환해 오지

그대도 나도 알몸 되어 물결 넘실넘실 노니는
벌거숭이 저물녘 한때

적막을 잠근 채 우두커니
— 담양 외진 산길
쌍화차 짙게 우려내는 그 집

가끔, 해 저물녘 아린 속 다독이며 굽은 길 돌아 돌아 찾아가던 집, 허리 가늘고 키 큰 사진작가 그녀, 장수술한 말기 암 남편과 다운증후군의 아들 데리고 속빈 영혼 일으켜, 일으켜 세우던 그 집

불현듯 목말라 목이 말라 찾아갔더니
커다란 자물통 적막을 잠근 채 우두커니

이승 등졌다는 남편 소식 바람바람 들려오는 듯
오소소 소름이 돋았다
엄마 잠옷만 안고 혼자 노는 아이, 엄마 양수가 좋아
늘 목욕통에서 뒹굴뒹굴 놀았다는 다운증후군의 아이
그 아이 사진으로 온 벽을 덮었던 한지 입힌 쪽방,
그윽한 쌍화차 김 오르는 실 가닥 위로 어른어른 창백
한 사진작가 그녀 야윈 얼굴 눈물이 쓰리다

아랑곳없이, 아랑곳없이

먼 산 노을 붉고
마당귀 자귀나무 향기 발그레 분분한데

내 안에 가슴앓이 피멍울 조등 켜지고
그녀의 곡진한 염원 흩날리는 등 뒤로
서늘하게 불어오는 바람 한 자락

불이문 그 언저리

무각사 불이문 들어서니 스님 한 분 싸리비로 마당을 쓸고 있다

넓은 등이 반듯한 걸 보니
풋내기 사미승인가

잘생긴 백구 한 마리 흘깃흘깃 내게 눈짓을 보낸다
오금이 저린 나는 스님을 외쳐 불렀다
스님은 무슨 번뇌 마당을 비질하는지 돌아보지도 않는다
다시 한 번 큰 소리로 목청을 돋웠다
그제야 돌아보는 뎅그런 눈을 가진 스님, 새까만 얼굴에 써늘한 기운이 흘렀다

가난에 찌든 더운 나라 고향 부모가 어른대는지, 마당 귀퉁이만 연신 쓸고 있는 스님의 바짓가랑이가 유난히 처져 있다

초가을 새벽바람에 아직 단풍도 들지 않는 성급한 낙엽 한 잎, 햇살 고물고물 내려앉는 그의 황량한 등을 투욱 치며 저만큼 떨어져 나뒹군다

—불이문, 불이문을 되뇌며

어디든 발 닿는 곳이 제 마음의 집인 거라고
저 언덕 갓 난 억새의 은빛 환희도 제 몸 씨알 흩날릴 날 멀지 않다고

장승처럼

잘 익은 노을 한 광주리 이고
아지매 한 분 들길을 간다

머릿수건 뒤로 묶고
든든한 지팡이 하늘 땅 짚으면서
천지가 울리도록 쿵쿵 발걸음 옮긴다

등뼈 꼿꼿이 세우고
오돌오돌 나락 여무는 소리 귓불에 매달고
태풍 훑고 간 뒷길 돌부리 걷어차며
휜 다리 터벅터벅 귀갓길 바쁘다
넘어진 옥수수 가지에 휘감긴 개구리 울음소리
소리매듭 따라 옥수수 알갱이 툭툭 튕겨 나온다

어둠은 아지매 등허리를 휘감는데
막내아들 배꼽시계 울어 대는 소리가
콩닥콩닥 심장박동을 잰다
빗물에 쓸린 덜 여문 콩대 몇 줄기

거머쥔 손에 땀이 밴다

아스라이 마을 불빛 깜박이고
추켜세우고 온 깻대 돌아볼 겨를도 없이
아지매는 더딘 걸음 재촉한다
동구 밖 마을 지킴이 장승처럼 눈 부라리며

햇꽃

납월매라 했나
설중매라 했나
선달 눈 속에 피는
홍매화 그대,

뼈만 추리고 사는 승가람僧家藍
금둔사 산신각 옆에 자리한 연유
그 대쪽 절개가 고막을 두드리네
가지 마디마디 맺힌 열꽃
허공에 낀 살얼음 녹이는
그대 뛰는 심장의 붉은 침묵을 듣네
벌 나비도 오지 않는 엄동 고비에
혼불 사르는 정령
누구를 위한 오롯한 몸짓인가
툭 터지는 순간, 그만
떨어지지도 못하고, 멈칫
얼음꽃으로 피어나는 한 방울의 피

제2부

어미 바다

어슴푸레 덜 갠 잠 밀치고
바닷물이 물결쳐 온다

애야! 밤새 알은 슬었니
뼈는 얼마나 자라고 살은 얼마나 불리었니

달무리 휘엉휘엉 살풀이하는 밤의 징검다리 건너
이명으로 울려오는 새끼들의 어둠 뒤채는 소리

풍랑 딛고 선 어미의 가슴께에
굽이치는 삶의 체중으로 얹힌다

살비듬 돋우는 개펄 속 어린 새끼들
젖줄 기다리는 지친 눈자위로

아직 열리지 않는 새벽 바닷결 더듬어
어미는 이랑이랑 불은 젖무덤 풀어낸다

한결같이 백 년을

피 마르도록 한 백 년 수명
모과나무 그대 아직 거기 서 있나
몽동발이 고목에서
가까스로 뻗어 나간 잔가지 몇 줄기
허공에 회를 치네
우듬지에 늙은 모과 한 개
만상 구겨진 얼굴로
가부좌 튼 채 족보 지키네

온통 얼룩무늬 생채기 둘러쓴 채 울퉁불퉁 불거진 뿌리의 오기 누가 감히 내려다볼 수 있을까
지척에 백학 꿈꾸며 비상 노리는 하얀 목련들, 야유하듯 날개 빗는 소리 우우우우 수런거리는데

가소로이 목련 바라보는 저 모과
불근불근 깨어나던 정념의 순간들 되새겨보는 듯
그거 별거 아니라고 당당한 몸짓으로 조소 머금고 있는 듯

그대, 먼 세월 지키는
산처럼 바위처럼
내 안에 지주, 아버지처럼
한결같이 백 년 거기 서 있나

긴 여름밤

태풍 몰아올 것 같은 위태로운 밤
개구리 울음소리는 왜 그렇게 담을 넘어 들이댔는지

술 취한 아버지
몸 부린 평상 위로
기둥 바람이 자정의 어깨 휘감고 굴러다니던
아버지의 뒤척이던 긴 여름밤

어머니의 온기 밴 마포 이불을 잠든 아버지 위에 덮어 드리고 거미처럼 아버지의 등에 붙어 지새우는 딸아이의 긴 여름밤

굵은 빗방울이 새벽을 일으켰지
아버지의 글썽한 눈 속에 이레 전, 상여꽃 징검다리 건너 가뭇없었던 어머니의 등 그늘이 일렁이고

여울목 물소리 같았던 딸의 어린 소녀시절
일곱 아이 둔 아내를 잃어버린 아버지의 마흔한 살은

수수년 지난 지금도
어제 일처럼 언뜻언뜻 다가서는
동지보다 더 춥고 긴 여름밤

성요한병원의 봄

햇살 푸푸한 춘삼월
장례 마친 성요한병원 뜨락에 몇 장의 적요가 겹쌓인다

한 젊은 수녀가 노인 수녀 손을 잡고 입속 노래로 합창을 한다 뜨락의 꽃잔디 밟으며 아장아장 걸음마 시킨다

몸도 마음도 보타져 아이로 돌아가 버린
치매 앓은 천진한 노인 수녀

세상 것 다 털어 내고 수도복으로 갈아입은 지 몇십 년은 되었을 터, 아직도 살붙이 숨 쉬는 고향이 눈에 밟히는가

—나의 살던 고향은 꽃피는 산골……

두 수녀의 가녀린 노랫소리가 떨리는 명치끝으로 실울음 타고 비어져 나온다

당신의 고향은 어디인가요
하늘님 계시는 천국인가요
어릴 적 뛰놀던 꽃피는 산골인가요

삶과 죽음이 넘나드는 호스피스 병동에도 봄은 낭창이는데

밀봉된 산고

길게 목 빼어 한 시절 들어 올릴 때마다 각질 갈라지는 천둥 안에서 당신 가슴 불꽃 튀었겠네요

폭풍 들이칠 때마다 넘어진 자리 비틀거리며 들어선 세월의 마디에서 또 하나의 골 깊은 피비늘 떨어져 나갔겠네요

허공도 함께 전율했을 거고요
적송의 자존으로 끄떡없이 몸 사렸는지요

이제 그만큼이면 한 숨 돌려 제 거처 돌아보며 가지들 활짝 기지개 켜도 되겠네요

남해와 섬진강이 만나는 바람받이 강변에 서서 먹이사슬에 목매다는 숭어 떼 내려다보며 눈시울 적시는 당신

소금 알갱이보다 더 짠

땀방울로 앙금 되어 버린 솔방울, 툭
어느새 그 밀봉된 산고 하나 또 떨구는군요

고무신 한 켤레와 우체통

괴정리 가는 길 삼거리 낡은 토담에
뿌옇게 먼지 뒤집어쓴 빨간 우체통
울음 끊긴 수매미처럼 납작 붙어 있다
겹겹의 산 구릉 속 하늘 휘영청 맑다
길섶 서성이는 갈까마귀 한 마리
갈바람 몇 줄기 우체통에 집어넣고
깍깍 소리쳐 이름 없는 수신인 부른다
갈까마귀 목 쉰 호명에 마을 뒷산
불쾌해진 얼굴로 고개 끄덕인다
낮이면 텅 비어 버려 닭들만 어정거리는 괴정리
흘러가던 도랑물 숨죽이며 연신 뒤돌아보고
늦가을 짧은 햇살 뚝 떨어져
길들 아스라이 밀어 낸다
미처 우체통 속에 집어넣지 못한
들국화 서너 잎의 적요가
마을을 한입에 꿀꺽 삼킨다
저물어 가는 토담집 댓돌 위
흰 고무신 한 켤레 입 쩌억 벌린 채

빨간 우체통에 온종일 눈길 주고 있다
벌겋게 단 삼거리
어느새 어두운 길 하나씩 사라져 간다

할머니의 속눈썹에 갈꽃이 성글다

거리 시장 펼쳐지는 이른 아침 백발성성한 할머니, 납작한 돌 위에 수건 깔고 자리를 편다 바구니 바구니 펼쳐 놓는 햇곡식, 어린 푸성귀들 위에 떨어지는 싱그런 햇살이 살갑다

—할머니, 이 솎음 열무 얼마지요?
양푼에 담겨진 한줌 열무, 겉절이 입맛 돋운다

—삼천 원이요
차돌 어금니는 어디로 갔을까
움푹 파인 볼
거룩한 어미의 깊은 두엄자리

—이 짐들 나르느라 버스를 두 번이나 탔더니 힘드네요

난전에서 평생을 팔아 자식들을 허리춤에 엮었을, 자식들이라면 바윗덩어리라도 품었을, 골병든 할머니의 두두둑 무릎 꺾이는 소리

—후유

—아이들은 없으세요?

—여섯이나 되는 우리 애들 서로 다투어 자가용으로 실어다 준다고들 하는데도 내가 마다하지요

어느새 자식 싸고도는 어미 마음, 홀 맺힌 자랑 보따리 풀리고 할머니 얼굴에 잠시 웃음꽃이 환하다

그러나 다 무슨 소용인가

지문 깡그리 지워진 뭉툭한 손가락 끝마다 세월의 거스러미가 일고 코끝에 걸린 뿌연 돋보기에 어두운 독거의 그림자 멀미하듯 흔들리고 있는 것을

넝마 사랑

젊어 한때 고생으로 천석꾼 이룬 마나님이었지
다섯 남매 거침없이 키워
듬직한 대들보에 얹어 제각기 가정 이루게 한

그네들,
부르주아의 대열에서
튼실한 대지에 승승장구의 깃발 꽂았지

깃발이 나부낄 때마다
마나님 생애의 페이지가 하나씩 지워져 가고
기억 신경망이 구멍 뚫린 그물이 되어
푸른 세월 숭숭 빠져 나갈 즈음

그네들은
제 탯자리의 살갗을 떼어 내는데 동의했다네

마나님은 앙상한 구십 나그네의 삶을 보자기에 싸기
시작했네

할머니의 뭉뚱그려진 기억 보자기 속에는
스스로의 생을 닦아 내던 땀 밴 누런 수건, 다 삭아 내린 내의, 구멍 난 양말, 가난의 누더기들을 기웠던 바늘 쌈지,
그리고 피 한 방울 남지 않은 넝마의 사랑이 구깃구깃 개켜져 있었다네

허물들만 모여 사는
찬바람 이는 요양원이
가까이에서 문을 아귀 입처럼 벌리고 있네

삼대

시절 벙글어 꽃길 다투는 봄날
삼대가 산을 오른다

세상 등진 할배 요령 레일 타고
마른 허공 만장으로 흔들며
저승 산길 헤매어 가는데

정처 없는 몇 날 바람
소리꾼 가락 따라 몸을 여민다

아배 떠나보내는 아들
젖은 눈물 목젖에 걸려
여물어 가는 생의 봄길 끄덕끄덕 오르는데

상복 흩날리는 바람의 날개 아래
태양의 입술 붉게 익는다

감꽃 닮은 나 어린 손자

황금 햇살 무동 타고
봄 내음 톡톡 터지는 꽃길 가는데

손자 머리칼 건드리는 바람의 리듬 따라
까르르, 꽃들 덩달아 파안대소한다

남천에게 묻다

온몸으로 하늘 우러르는 침묵
얼음기둥 떠메고 저 혼자 겨울 길 간다

엄동 절정 보듬고서야 불 지피는 남천
제 심장에 쟁여 놓은 열꽃 하나씩 툭툭 튕겨
타닥타닥 무더기 불 밝힌다

내 귀는 어두워
갈무리해 둔 그의 속말 알아듣지 못하는데
빨갛게 터트리는 탄성 사리들 내 안으로 밀물져 와
두근두근 울렁증 되어 들썽인다

아침 햇살 가시 혀 당겨 물고
대쪽 깡마른 남천 뿌리 잘근잘근 헤집어 들락거렸으나

그가 짊어지고 온 먼 길
감히 다다를 수 없는 그 길
영혼의 사무침이 무엇을 말하는지

아무 대답도 길어 올리지 못했다

남쪽 하늘 그리워하다, 그리워만 하다가
명치 칠 겨를 없이 왁, 쏟아내는 저 비명은
일몰 길 쓸어내리려는 정녕 환희려니

그 환희의 바깥에서 타는 불길 소리 들으며
속수무책 주저앉아 있을 뿐

8월에 웬 눈이라니?

친구의 눈가 주름
어스름 녘 뒷골목보다 깊다

바닷가 민박집 넓은 창에 비치는 창백한 가등 멀뚱멀뚱한 눈, 온종일 달아오르는 삼복 열탕에 시달려 진이 빠진 얼굴이다

8월에 웬 눈이라니?

당뇨 앓는 친구의 동공에는
빛을 좇다 헛발 딛는
가등 둘러싼 하루살이들의 빈 날갯짓이
눈雪의 환영으로 풀풀 흩날린다

몇몇 친구들 모여 시력 멀어진 친구의 생일 케이크 축하 노래 사르고 있는 촛불 위로 봉긋한 목련꽃 여고적 모습 춤추듯 일렁인다

하루살이들이 그녀의 헛헛한 환영幻影이 아닌 축복의 눈꽃이기를 바라는 나, 해묵은 에어컨 가르릉 해수 소리에 몸 뒤채며 밤 내내 눈 내리는 꿈길을 배회한다

나를 불러 세운다

1

참새 떼 새벽 창 쪼는 푸른 연못가
실오라기 하나 걸치지 않는 수줍은 햇살
수련 젖가슴 헤집으며 수유한다

간밤 내린 비에, 나는
켜켜이 결 씻던 바람이 되어
물안개 몸 푸는 수면을 서성이는데

갈피없이 오지를 헤매는 마음인가
누군가 등 뒤에서 나를 불러 세운다

2

문득 뒤돌아본다

제 영혼 물거울 닦는 황소개구리
신열 앓는 소리가

연못을 들었다 놓는다

아, 저기 하늘가
뼈만 남아 이제 아플 것도 없이
민낯으로 무심코 떠가는 흰 달

늘, 저처럼
내 곁을 감도는 어머니 닮은

끝물

노인은 그늘이 좋아
공원 들머리 블록담 아래
늘 마음 누이곤 하지

앞 켠 언덕배기
오월 오동꽃 우우우 결 고운 나팔 소리
그 소리 한 가닥도 노인 안에는 깃들지 않지

무릎 꿇었던 간곡함의 지난날들, 오늘도
엄지와 장지 사이 담뱃불에 꼬시르고

일 년에 한 번
연례행사로 찾아오는 어버이날
한 점 피붙이가 꽂아 준
카네이션 한 송이에
노인의 무딘 심장 오랜만에 두근거리지

지탱하지 못한 잇속 떠받치고 있는

합죽한 아래턱에
말문 닫은 생이 우물우물 고이고

눈꺼풀 여닫을 때마다
갈바람 비늘 떨어지듯 흩날리는
카네이션 처연한 끝물을 본다

해산解産

서녘에 기대어 몸 푸는 하늘
온통 핏빛이다
종일 비구름 품고 있던 태양의 젖이
이제야 팅팅 불었는가
붉은 젖줄
걷잡을 수 없이 풀어져 내린다

시간의 둑방 넘어온 노을
양수가 터졌나
나락 밭에 핏물 번진 몸을 뉜다

며칠이고 꼼짝 않던,
깜깜하게 걸어 잠근
내 안의 실어증도 물꼬를 튼다

혈흔 한 점 남기지 않고 꾹 짜낸
하늘산실産室의 어둠에 밀려
막 돌아서는 내게

어물쩍 서 있던 내일의 신기루
부푼 부레 매달고
어깨 툭 치며 다가선다

제3부

오월에도 그늘은 있지

하늘이 몸을 열어 주어야
들숨 날숨 바다가 트이지

가로수들 숨결 틔우느라 달뜬
찬란한 오월에도
어느 한 귀퉁이는 젖은 그늘을 앓지

눅눅한 바람 휘어드는
비안개 속 하늘 그늘에 묻힌 마량 바다
저기 짓무른 수평선 너울
갯길 여는 숨소리 멀리 아스라한데

종일 떠 보지도 못하고 끙끙대는 태양의 실눈
저절로 기우는 시간만 바라보다가
제 우울의 두께만 가늠하지

쌀밥 드세요

이팝 군락을 문득 만났다
이웃 부르는 소리 손짓, 축복의 흰 눈 환호 같다

이 무슨 횡재인가
갑자기 허기가 후딱 일어선다

젖몸살 앓던 만삭의 순간들 벌써 잊었나
온몸 너덜너덜 껍데기들
헐벗은 아랫도리 저만치 밀어 두고

뙤약볕 정오에
허연 쌀 익혀내느라 분주한 이팝나무들

배곯아서 세상 길 잃은 허기들
내게로 오라오라, 소리물결
졸고 있는 먼 능선까지 흔들어 깨운다

심해처럼 깊은 내 공복도

기갈의 지팡이 던져 버리고 식이촉수 들이댄다

김 폴폴 오르는 이팝 거리
흰 쌀밥 그릇 그릇 퍼 담느라 달뜬 숨소리
우주의 지렛대가 휘청인다

눈부신 오월의 차일 아래
허기들 다 모여서 형님 먼저 아우 먼저
뜨듯한 고봉밥 거리잔치가 한창이다

낮은 포복
— 구시포에서

엎드려 몸뚱아리 뒤집는 파도를 보았네

내장까지 뒤집힌
황토빛 비릿함이 바닷바람 휘저으니

깡그리 망가뜨리는 먹물 가슴
바닥까지 들여다보였네

제 설움에
누구나 울컥대는 때 있지만

쏴아, 허옇게 부서지는 끓는 노여움
저를 돌아보기 위함이 아니었네

모태에 덧씌워진 이끼 낀 마음 길
열어젖히려는 안간힘이었네

제 멋대로 바람의 반란 일으키려는
세상을 향한 거센 항변이었네

성자와 거지

1

십여 년 함께 살던 강아지가 죽었다

깨끗한 무명 수건에 싸여
사랑의 육즙을 음미하듯
가족의 품에 안겨 고요히 잠들어 갔다
결별의 애절한 눈물 속에서
주인의 심장박동을 장송곡으로 들으며

2

무하마르 카다피*가 죽었다

사십이 년의 독재 천국에서 버림을 받았다
왜 죽어 가야 하는지도 모르는 채
피 튀기는 채찍을 받으며
만인의 저주 속에서

온 지구가 전율하는 총성을 장송곡으로 들으며

---

* 무하마르 카다피 : 리비아 대통령.

뿌리의 전언

1

뿌리의 동굴 속 내밀한 정령 만나본 적 있나요
심장 향한 완강한 칩거 그 두근거림 들리지 않나요

꽃봉오리로 유랑하다가 숨 쉬는 개펄 위에 씨앗 떨어뜨려 뿌리 내리는, 내려서는 개펄 호흡에 귀 기울여 청정 노역에 몸을 쏟고 그 몸 열어 새우를 치고 굴을 허락 한다지요

네 개의 튼실한 뿌리 동서남북으로 뻗아 올려 제 허리 꽉 붙잡고서야 마음 놓는다는 맹그로브 나무

언제 휘몰아칠지 모르는 쓰나미 늘 예감하고 산다지요

2

무리 무리로 스크럼 짜고 제자리 지키는 저 침묵의 아우성 들리나요

하늘에 맞닿은 간절한 뿌리의 전언이 해저의 노한 균열로 몰아쳐 간 푸켓 피피 섬 다시 일으켜 세웠다지요

초록 잎잎마다 햇살 쪼아 물고 찰찰 흔들어 영양소를 뿌리로 내려보내면 뿌리는 생명수를 물관부로 올려보내는 서로 손 내미는 그들의 심장 뛰는 샛뜨건 소리 들리지 않나요

용암의 기괴한 울부짖음으로 멈추어 버린 화상, 그 섬의 결백 앞에 마주 서서 반듯한 길 닦는 맹그로브 나무

그들의 내실 기웃기웃 엿듣다 보면 혹여 저희끼리 심장 맞대는 물레 잣는 속삭임, 휘영한 내 의식의 얼개에도 젖어 들까요

잠깐만요

파란불이 곧 바뀌겠어요
팔차선 횡단보도가 당신에겐 너무 벅차요
당신보다 곱절이나 키 높은 리어카의 재활용 박스가
어깨 등을 바위처럼 누르고 있잖아요
그 등짐 때문에 한쪽 다리는 허청거리고요

당신의 등짐 위에서 노을이 왈츠를 추네요
휘파람새 한 쌍이 노을자락 물고 높은음자리표 그리네요
당신 앙가슴은 노을의 왈츠도 새들의 노래 가락도
그냥 가라, 어서 가라만 하지요

아직 차선 하나 남았는데 덜컹 빨간불 켜지네요
당신 심장 콩닥거리는 소리가
밀물지는 자동차 소리에 까무룩 묻혀 버리네요

잠깐만요, 잠깐만요
허겁지겁 왼팔을 치켜들지만

이미 시간의 파도가 갈기 돋우어 달려드네요

돌아보지 말고 유유히 가세요
잠깐의 시간에도 꿰맞춰지지 않는 절룩걸음이
내려놓을 수 없는 당신 생의 버거운 짐 아닌가요
그러니 당신 스스로, 스스로 어쩌라고요

망막에서 파도 소리 굽이친다

바다가 그녀를 불렀네 철썩이는 파도 애끓는 손짓에 그녀 바다 곁으로 다가왔네 인연 아닌 인연으로 그녀 안에 홀연 이름 모를 태풍이 훑고 간 뒤 아비 얼굴도 모르는 철민이만 한 알 따개비로 남아 있네

바닷결 천년으로 겹쌓인 채석강변, 다섯 살 난 철민이는 '이어도 횟집' 문밖에 서서 나들이 손님 외쳐 부르고 있는 엄마 치맛자락 붙잡고 아비 없는 세상 바람의 손목 흔들어 길을 열고 있네

멀리서 뱃고동 소리 기별이 오면
목 빼어 까치발로
그이 기다리던 몽돌가슴 번번이 숨길이 멎고

굼실대던 바다
와르르 철썩 무너져 내리면
내뱉지 못한 조각나 버린 기억 안고
그녀 돌기둥이 되었네

노을 바다 먼 물길
해풍에 기대어 바닷길 건너오는
그이 모습 보이네, 보이는 듯하네

그녀 망막에서 굽이치는 소리 없는 포효가
성난 파도 되어 내 귀청 두드리네

그들의 성소聖所

버려진 수도관이 집이 될 수도 있네요
정신의 귀족 디오게네스의 드럼통이 아닌
하루를 먹고 입고 잠자는
인도 뭄바이 슬럼가의 한 가족이 숨 쉬고 있는 그곳

다섯 아이들과 어미가 수도관 밖,
찬란한 빛 쏟아지는 꿈의 뜨락
퀭한 눈으로 짓무르도록 바라보고 있네요
그네들의 틔우지 못한 삶의 씨앗
무릉도원의 햇빛 속에서 모래 모래로 자글거리네요

어둠 속의 어둠을 모르는 아이들
푹 파인 순진무구의 눈 웅덩이에
누구 빠져 본 적 있나요
빠져서 그들의 심장 데워 준 적 있나요

사경에 넘어진 엘리야를
천사를 통해 일으켜 세워 호렙에 이르게 한 목자

착한 야훼시여!
그네들의 파열구를 에덴의 동쪽으로 돌리시려는지요
이미 준비된 유리알 요람으로 길을 놓으시려는지요

물길도 고장 나, 버려진 수도관
그들이 숨 쉬는 생의 빛 가리개 속
낙타의 마른 숨소리가 귀에 따갑네요

---

* 매년 거의 1000만 명에 이르는 5살 이하의 아동이 빈곤 때문에 죽는다는, 2009년 8월 8일 〈한겨레신문〉 14면에 실린 기사('소득 5%' 기부하면 절대빈곤 사라진다) 참조.

돌아오지 않는 강

우르르 쾅!
굉음이 귀를 찢었다
낙동강 32공구
콘크리트 더미 속으로
두 사람의 생목숨이 묻혔다
허공이 마지막 숨을 몰아쉬고 하늘도 눈을 가렸다

제 몸이 시키는 대로 흐르고
제 마음 물결대로 흐르는 것이 강의 생리가 아닌가

맑은 탯줄 따라 고른 숨결 쉬던 강은
이제 길 잃고 몸 버려 돌아오지 않고

강 맥 바꾸려던 젊은 토목기사 아무개도
죽음의 강에 묻혀 이제는 영원히 돌아오지 않으리라

뜻 아닌 주검 꿀꺽 삼켜 버린 검은 강
오늘도 밤 공사에 휘몰려

젖은 얼굴로 제 늑골 부러뜨리고 있다

---

* 2011년 5월 31일 〈한겨레신문〉 1면과 4면 기사("쾅- 밤을 지새워 부은 콘크리트 속으로 그이가 사라졌습니다" —토목기사 아내의 부르짖음) 참조.

이정표는 어디로

— 불법체류 외국인 노동자

그들의 눈동자는 온몸이 식이食餌 촉수다
석순石筍들로 거멓게 뒤덮여
카타콤 지하 동굴이 된 꾸깃꾸깃한 역사
휴지 조각으로 굴러다닌다

냉각된 한국인의 심장
그들의 피를 역류시키는 뒷골목에서
오만한 자본주의가 플래시를 터트린다

토막잠들이 포개어진 쪽방
빈창자 속을 유영하는
착취된 노동의 해진 지폐가
하루 한 끼의 허한 라면으로 팅팅 불어 있다

꿈에서까지 쫓기던 나날들
엄마 배 속에서부터 숨이 차던
검은 피부의 눈이 큰 아이

링거 호스에 잇댄 어지러운 생명줄 기어이 놓쳐 버린다

깨어나지 못한 생명의 숨결
어느 하늘의 요람에서 푸른 햇살 마시고 있을까

동굴의 침샘에서 폐유가 흐르는 곶串
바람 끝에 매달린 위태로운 눈동자들
빛살 스며들 날 언제일까
고단한 희망의 뼈 부딪는 소리들
공허하게 떠도는 이 지상에
그들의 이정표는 과연 어디에?

신성 모독에 관하여

내린천 울들목 만이 여울 소리가 높다

죽어서도 살아 있는 듯 체온 떨군 지 오래된 영혼 한 분 몸보다 앞선 넋의 뼈대 하나로 벼랑 끝 거친 뼁대 단단히 받치고 서 있다

사철 푸르러 오만하던 소나무의 자태
수려하던 얼굴은 이미 가고 없다

일상으로 끌고 살아온 뇌우의 나날들
벼랑 아래로 투신해 버리고 싶었겠지

쥐어짜던 송진도 털어 버리고
티끌처럼 제 생 날려 버리고도 싶었을 거야

살아 천년, 죽어 천년의 고산지대 얼음산도 의연히 지켜내는 주목나무의 자존을 시샘하여 그 혼령 받아 모시려는 건지

물기 촉촉한 살이 굳은살로
굳은살이 돌 나무의 영혼이 될 때까지

하늘 떠받치고 제 안의 나락으로 잠적해 고고하게
버티고 선 연유

굳이 캐내려고 하는 것은
그의 신성에 대한 모독일까

별들의 합창
— 우즈베키스탄 사막에서의 하룻밤

긴 대낮 내내 별들은
태양의 뒤편에서
뜨겁게 달구어진 모래바람 안고 뒹굴었겠지

서로 섞여 아우성치는 삶이 아닌데도
선인장의 앙상한 가시고독이 저절로 돋아나는 사막

저기 출렁이는 오아시스가
마른입 한 모금 적셔 준다 한들
실오라기 목숨 한 가닥
응달 없는 사막 어디엔들 한 뼘 스밀 수 있을까

바작바작 타들어 가는 한낮 지나고
노을 치맛자락 싸악 말려 가면

어둠 저편에서 숨결 트는
먹빛 맑은 천공에 솟는 별들의 합창,

그 전라全裸의 황홀이라니!

동녘에서 서녘까지 사막의 수만 리 길
묵언수행 하루치 울력이
진땀 노역 빚어 저리 영롱한 것이려니!

개미와의 동행

발그레한 단풍 그늘에
우리는 함께 있었어
그가 갑자기 내 팔목을 타고
어깨 향해 겅중겅중 기어올랐어
그만 가! 거긴 허방일 뿐이야
더 이상 네가 쉴 자리는 없어

순간 그를 따라 나도 어딘가 기어오르고 싶었던가

문득 그는 가던 걸음 되돌려
다시 천천히 내려왔어
그도 길을 보는 눈
말을 듣는 밝은 귀가 있었던 게야

날마다 시간의 층계 기어오르고
생각의 골짜기 파고드는
멈출 줄 몰라 늘 지친다는 것을
나는 왜 잊고 사는지 몰라

겹겹 쌓인 마음 한 장씩 벗겨 주는
바람 휘감는 우주의 한 품에 앉아, 우리는
정처 잃었던 눈동자의 낯선 충혈을 가늠했던가

소금도 제 몸에 칼질을 한다

어둠 호젓하게 내릴 즈음이면
소금도 제 몸에 칼질을 한다

씨줄 날줄 촘촘 걸러 내는 날빛
하루 종일 받아먹고
불 바람에 영혼을 달군다

벌거벗은 잉걸의 터널 지나면
한 알, 한 알,
제 몸 벼리는 소금 우는 소리

그 소리에 앞산 두견도
노을 속살에 피울음 흩뿌린다

제4부

잠깐!

봄이
오다 뒤돌아보고
가다 또 돌아본다

산은 아직
제 그늘 빙벽 위세에 묶여
숲을 이루지 못했는데

뭣 모르고 튀어나온 개구리 한 마리
성급한 진달래꽃 한 잎 물고
겁먹은 얼굴로 벼랑 끝에 서네

가을 속내를 헤매다

1

심장 툭툭 불거지는 단풍 숲을 헤맸다
쌍치 들길 지나
복흥 산마루 넘어
산내 옥정호 기슭,
난무했던 구절초 가고 없는 빈 뜰 오며 가며

훌훌 타올라 몸엣것 다 떨어내는
가을 소용돌이 속내를 점벙점벙 헤매어 다녔다
그처럼 타올라
그처럼 져 내리고 싶어서인지

2

가을비는 입술 부르튼 가문 날의 축복으로
소문 없이 내리는데
그만 방랑의 열풍 식히려는 겐가
절정의 이마부터 식혀 내려는 사려인 겐가

젖은 가을 저만큼 멀어지고
동장군 왕림하시면
나도 에멜 빛 옥정호 물속처럼 깊어져서
달빛 홍건한 '시詩' 라는 동네에 고즈넉이 안거하고
싶다

하루 반의 반려

허공에서 뭉클한 생명이 하나 툭 떨어졌다. 날개 안쪽에 피가 낭자하다. 한쪽 다리도 쓰지 못하고 벌렁 나자빠지는 삐쩍 마른 작은 새

매나 들고양이나 살아 있는 모든 것들,
미풍마저도 천적인 듯
가누지 못하는 무중력의 몸도 아닌 몸뚱이로

서서히 내려앉는 절망의 그늘을 뒤집어쓰고
죽음의 낭떠러지에서 명멸하는 작은 새

치유 불능의
거죽만 남은 생을 짊어지고 온
내 허망한 무책임이라니?

노래로 일컫는
작은 새의 울음소리는 어디쯤에서 끊겼을까
그 예쁜 날갯짓은 또 어디에서

수수 몇 알로 간신히 연명을 구걸하더니 종지기에 담긴 물은 뾰족한 주둥이의 끝만 겨우 적실뿐

얘야, 엄마를 어디에서 잃었니?

하루가 지나고 반나절이 더 지났다 "병든 야생조는 스스로 일어서야지 병원 치료로는 불가능하다"라는 동물병원 원장에게 티끌 같은 너의 최후를 맡기고 나는 병원을 나왔다

마술사의 칼날에 잘려 버린 듯, 한 생의 바람이 나를 쓰윽 베며 스쳐 지나갔다

하루 반의 반려가 내 안에서 가랑잎이 되어 뒹굴었다

틈에서 틈을 엿보다

나그네 마음들 모인
허허바람 맴도는 공원 양지 녘

할아버지 백발 한 분
파인 갯골 주름 가득한 손을 내민다
참새 몇 마리 제 둥지 찾아들 듯
할아버지 손바닥 위에 사뿐 내려앉는다

—카메라 들이대는 사람들에게서 늘 도망 다니는 새 떼 콩닥콩닥 움켜쥔 심장과 모이 내미는 손바닥 위에 갈고리 발을 안착시키는 그 틈새에서 날개 치는 새들은 무엇을 읊조릴까—

빵가루를 얹어 내미는 손
참새 떼 마음 눈길 닿는 곳

어디에도 흔적 없는데
뚜렷이 길을 알아보는 환한 작은 눈

새 길 열어 주는 할아버지의 손안에 고단한 마음 감싸 주는 노을 한 자락 능소화 다발처럼 풀어져 내린다

?

해오라기 한 마리
천로 변 냇물에 물음표로 몸을 곧추세우고 있다

하늘 문 열어 보려는 걸까?
생을 되돌이표로 돌려 보려는 걸까?

기차 소리 허공 축대 무너뜨려도
단아하게 접은 저 깃의 고요는

아하! 혹
삼백예순네 날 발 동동 구르며 달려와
딱 하루를 피워 내는 수련목의 절정 본떠
제 영혼에 수놓으려는 거?

11월의 바다

제 안으로 고개 숙여 보는 11월

파도가 내뱉는 실연의 거품 해독하느라
바다는 밤잠을 설친다

난전 횟집들의 껌벅이는 눈
깊어진 동공 꺼풀 내리고
바람에 취해 가슴으로 기는 갈대들
폐선의 신음 소리 날라 온다

출구 잃고
늘 한데서 소요하던 마른 그리움이
파도 너울 타며
저 혼자 깊어지는 11월의 바다

개펄에 마지막 생리혈 쏟고 있는
단풍의 맑아 오는 영혼에 마음 기대 보면
그 어둠도 서럽지만은 않으리라

달빛 그물

고기잡이 구유배 한 척
젖은 모래밭에서 파도의 속내 듣고 있네
어둠의 실루엣 걸친 채
제 안에 갇힌 작은 물웅덩이 출렁이네
그 안에서 두둥실
눈 부릅뜬 달덩이
밤 파도 엮어 은그물 짜고 있네
새벽 고기잡이 나갈 모양이네

잎맥만 남은 내 꿈의 과녁에
희부연 달등 하나 걸어 보네
살며시 열어 갯바람에 거풍해 보네
달빛 타고 어칠비칠 떨어져 내리는
허옇게 샌 마음 몇 잎
달님은 본 척도 않네
갈기 파도가 배의 내장 휩쓸어 가도
계속 은그물만 깁고 있을 것이네
바다 기운 몰아 새벽 돛 올릴 것이네

마른 항아리 숨결 고르다

뻥뻥 구멍 뚫린 나무 항아리에
잘 말린 장미 한 다발을 꽂는다

삭지 않는 통증
터를 고집하고 있는 빈 몸 곳곳의 상흔들

뿌리와의 절연으로 앓던 옹이마저 빠져나가고 바람의 한숨 내리쉬는 통로가 되어 살이 뼈로 굳어진 동굴의 문

숨 쉰 기억들이 곪았던 덫에 걸린 채 오체투지로 기어가던 자리에 필요 없는 혹이 자라나 종내 아기집까지 들어내고야 만,

동그마니 벗 하나 없이 나뒹구는 휑한 폐가

이제 마른 꽃과 빈 항아리 영혼이 서로 껴안아 비움의 향기 가득 숨결 고른다

일소일소一笑一少
— 마애삼존불磨崖三尊佛에 부쳐

웃음이 넘쳐흐른다는
일소계一笑溪 지나
태안泰安들녘을 내려다보는 마애삼존불
국보라는 명칭이 어깨를 짓누른다
화강암 굵은 입자마다
고단한 여래의 생애가 박혀 있다

세월이 낡으면 미소도 풍화하는가
보각에 갇혀 아랫도리 축축한 채
관절염에 시달리는
그의 입가에 새겨진 미소가
미소인지 조소인지?

일소일소一笑一少라 했던가
소리 없는 웃음 배우러 갔던 나는
풀어내지 못한 마음 갈피만 들켜 버린 채
터벅터벅 산길을 내려온다

날려서 비워 내는 것이 제 몫인 산바람 들바람도
오늘은 우뚝 벽을 세우며 묵묵부답이다

불쑥 발길에 차이는 돌멩이 하나
삼존불 미소 데불고
벼랑 아래로 데그르르 굴러 내린다

다시 박음질을 하며

젊은 한때, 숨 쉬다 간
나이 들어 헐렁해진 저고리 솔기를 뜯는다

한 땀 한 땀 뿌리 내리던 자리
굵어진 바늘 자국마다 헛바람이 샌다

빗나간 엇길인지도 모르고 날뛰던
내 푸르렀던 호사의 거푸집 어른거린다

천방지축 겁 없이 쓸려 다녔지
뼈 없이 몸만 비대해졌지

생의 한가운데에 덧입혀진
물컹한 살집 곰팡내가 난다

겹겹이 쌓인 가닥 없는 허물들
싹둑싹둑 잘라 낸다

그 솔기 깁기 위해
나는 다시 바늘귀에 실을 꿴다

고장 난 내비게이션

부식된 기억의 돌문 밀치고
아버지의 고향을 검색한다

내 안의 내비게이션은 고장이 났는지
꿈쩍도 하지 않는다

기억 저 너머 낭하 끝에서 표류하는
옛집 잃은 상념들 깜깜 동굴이다

소금쟁이들 맘 놓고 물길 가르는
하늘 동네 안채에 모신 냇물 소리

달궁이 제풀로 몸을 열어 달빛 풀어 내면
실바람도 덩달아 무현금을 켜는 동네

사라진 거기,
천둥 번개비 소리라도 한 번 들려주지 않으려나

물기슭 두꺼비 코고는 소리 어렴풋한 여름날 오후
졸음 속 꿈길이라도 걸어 보면
퇴근길 서류가방 들고 귀가하시는
아버지 먼, 머언 자태라도 뵐 수 있을는지

오늘도 거름 없이
나는 고장 난 내비게이션,
열리지 않는 아버지의 고향을 검색한다

용소龍沼
— 가마골 영산강 시원始原

산이 가슴 열어 주니 흐르는 물 정맥류 따라 길을 밝힌다

허공 밀어 내며 뛰어내리는 폭포도 격정 다독이고 주저앉아 목마른 영산강에 마음 놓고 젖줄을 댄다

언제부터인가
온기 가득한 자궁으로 가라앉혀
아가미 펄떡이며
가마골 심장 뛰놀게 했던 탯자리

영산강 거센 탯줄에 휘말려 때로 벌겋게 젖몸살 앓을 만도 한데, 마알간 햇살
가시 기운 물고 물 밑까지 헤집는다

가마골 심심 골짜기 고불고불한 먼 길 쉬지 않고 마중물로 달려온 내력 누가 알까

어쩌면, 뚜벅뚜벅 사막의 모래밭
낙타처럼 견디었을

용트림하듯 몸 비틀어 핏물 오르도록 펌프질하는 용소 시원의 숨소리가 바람결 타고 아득히 들려온다

보름사리 달마중

— 달빛차회

보길도 모퉁이 쪽 바다에
저무는 가을이 몸을 뒤집는다

하늘에 덩실 좌정한 보름사리 달덩이
살얼음 바다 살살 어루만지며 몸을 섞는다

살집 비워 내는 자작나무
흰 등에 고이는 적막이 깊다

바스락바스락 헐거워진 마음들
두레두레 둘러앉아 달빛 마중해 차를 마신다

작설 마음 푸는 훈훈한 찻잔에
얼어붙은 달 덩그러니 들어앉아 수심결에 젖는다

동짓달 무르익는 밤, 달 몸 우려내는 다향
차디찬 푸른 바다의 고요를 저어 간다

곰삭은 달빛 내 안의 빈속 헤집고 들어와
쓰다듬어 주는 가을 달밤이다

청산도 가는 길

청산도 바닷길에
낚싯대 첨벙 던져본다
시어 한 마리 낚아 볼 심산이다

대양호 물갈퀴가 뒤집는 우레 물살에
입질 한번 전갈 받지 못한 낚싯대
중심 잃은 찌 매달고 저만치 나동그라진다
시詩의 등지느러미 하나 낚아채지 못한 채
허한 마음 접고
청산 당리 마을길에 오른다

—가슴을 칼로 저미는 한이 사무쳐야
소리가 나오는 벱이여-

서편제 영화 속 한 구절
바람 속에 휘몰이 장단으로 술렁인다
굽이진 세월 앙다문 돌담길
바람막이로 가슴팍 내밀고

아리아리 아리랑 진도아리랑 고샅길 풀어낸다
돌아서는 등 뒤, 해풍에 쓸려
벌겋게 알밴 유채 손사래 친다
청산도 삶이 빚는
독 오른 바람의 두께는 이런 것이라는 듯

저기 시의 어군 출렁이며 물살져 온다

꽃은 져도

봄살 부풀린 아지랑이가 무위사의 문턱을 넘는다

허름하게 깊은 극락보전 바라보던
새빨간 동백 모가지가 툭 떨어진다

한때 기름졌던 관능
흙의 온기에서 빗어진
기억의 발을 걷어 올리는가

고슬고슬 익은 땅 위에 내려앉아 벙글던 살 내음 후끈했던 날들의 동공을 굴린다

깔고 앉은 태반 아직 푸르고
활짝 달뜬 몸 흠집 없이 충일하다
어디에도 축축한 어둠 낀 흔적 없다

제 몸에서 홀로 뚝 떨어져 나와 생의 즙액 도도히 내뿜는 동백꽃

황혼의 혀가 불바람을 날려 한 식경 후 목멘 슬픔으로 가라앉는다 해도 아랑곳없다

가눌 수 없이 흔들거렸던
허리를 동강내고 싶었던 욕망의 덩이들
극락보전에서 활활 사르었는가

고통 너머 물오른 영혼처럼 황홀하게 삶과 죽음의 경계를 벗고

물속의 상사화

그에게 감금되고 싶었던
문은 애초에 없었다

심장을 안았던 꽃 수술마저
한사코 밖으로 밀어 내는
타들어 가는 네 혀끝 보니
열정의 씨앗 아직 물고 있구나
온몸 핏발로
긴 대궁 위에 올라선 외길의 혼
그림자 되어 천 길 물속으로 뛰어든다 한들
그에게 이르는 길 찾을 수 있을까
속울음 저편
물그림자 한가득 어룽거리는데

그만 연을 지우려무나

죽어야 비로소 사는 차안의 구릉을 넘어서면
상사의 전언 받아 모실 가슴 한편
따스하게 잘 개켜져 있지 않을까

세계와 소통하는 방식

신 덕 룡
(시인 · 광주대 교수)

1.

우리 주변에 그늘을 늘이고 서 있는 나무를 보자. 보이지는 않지만 나무는 자신의 과거를 몸속에 지니고 있다. 햇볕이 잘 드는 쪽으로는 나이테 간격이 넓고 햇볕이 적은 쪽으로는 간격이 좁다. 또한 나무들이 밀생한 지역에서는 키를 높여 자라고, 한적한 곳에서는 옆으로 가지를 늘인다. 이 정도면 나무의 성장 과정과 환경을 능히 짐작할 수 있다.

상처 역시 마찬가지다. 나무는 성장 과정에서 많은 일을 겪는다. 지나가던 사람이 무심코 여린 가지를 꺾거나, 폭풍우에 가지가 부러지는 것은 물론 뿌리째 뽑히기도 한다. 이로 인해

몸이 썩어 들어가거나 껍질이 벗겨져 말라 죽기도 한다. 그러나 대부분의 나무들은 이런 시련을 이겨낸다. 상처가 깊어지는 것을 막기 위해 수액의 길을 막거나, 송진처럼 상처 부위를 감싸 스스로를 치료한다. 치료의 흔적들이 남아 있지만 아무 일 없었던 듯 키와 그늘을 늘이고 열매를 맺는다. 무성한 나뭇잎 사이로 허기진 새들이 몰려와 열매를 먹고, 사람들은 그 그늘 아래서 한여름의 더위를 피한다. 나무의 말없는 베풂이다.

시간과 상처를 몸 안에 기록하고 있다는 점에서 나무와 인간은 닮았다. 인간 역시 나무의 나이테와 같이 수많은 기억을 심연에 새기면서 산다. 그러나 사람의 상처는 성장한 뒤에도 영향을 준다는 점에서 늘 현재적이다. 드러나지 않을 뿐, 과거의 상처는 현재의 이면이요 거울로 작용한다. 현재 뒤에 있으면서 끊임없이 현재를 간섭하고 조종한다. 다시 말해 과거는 뚜렷한 형체도 없이 우리의 현재와 연결되어 있는 것이다. 과거는 현재의 발목을 잡기도 하고, 미래로 향한 앞길을 쓸어 주기도 한다. 발목이 잡히면 삶은 왜소해지고 위축되고 만다. 닫혀 버린 과거의 벽 속에 갇히는 것이다. 이런 삶은 과거에 끌려다닐 수밖에 없다. 그러나 나무처럼 상처를 스스로 치유하는 경우는 다르다. 나무가 열매를 맺고 그늘을 늘려 새를 부르고 쉼터를 제공하듯, 과거의 상처에서 자유로운 사람은 타자와의 관계를 확산시켜 가며 산다. 과거를 통해 현재를 이해하고, 자기 확대를 통해 미래로 나아가는 것이다.

2.

행복이나 불행 등 과거의 기억들이 모두 시적 소재나 질료라는 점에서 시인은 과거를 드러내는 존재다. 한스 마이어호프Hans Meyerhof의 말대로, 과거의 경험이나 상처는 날짜에 구애받지 않고 기억의 심층에 남아 영원한 '현재'로 작용하기 때문이리라. 이 '현재'는 시인의 의식이나 바라보는 시선, 듣는 귀, 살갗의 감각 등 어느 곳에나 잠복해 있기에 시편들 여기저기에 드러나게 마련이다.

정혜옥의 두 번째 시집, 『불러 세우다』에서도 마찬가지다. 기억은 작품 속에 현재화되어 있다. 시인이 바라보는 풍경이나 이웃들의 삶, 대상에서 느끼는 애틋함이나 이를 바탕으로 펼쳐지는 서정…… 곳곳에서 과거의 흔적이 배어 나오고, 이를 통해 현재적 삶의 의미를 캐고 있다는 것이다. 다음의 시를 보자.

> 늦여름 찬비 내리는 밤
> 불빛에 홀려 창틈으로 스며 들어온 여치 한 마리 베란다 꽃기린 화분에 들붙어 어쓱어쓱 밤의 북채를 쳐 대네요
> 가끔 목울대에서 어둠이 무릎관절을 꺾네요
>
> 타는 석양보다 더 붉은 여치 울음, 내 선잠 깨워 심장을 후비자 잊었던 옛길들 등불 켜 일어서고
>
> 빗줄기 굵어져 천둥 밀어오는 소리 허공 가르네요

저토록 장대비 땅을 치며 달려오면 칡넝쿨 걷어 낸 젖은 땅에 젊은 아내 누이고 돌아오던 아배의 실신 내 안에 성큼 들어서고

강물 허리 소잔등처럼 휘돌아가던 그때가 맹인 점자 찾아가듯 심장 벽에 오돌토돌 핏발을 불러 세우네요

밤의 한가운데 낭자한 여치 뼈 울음소리
말라 가는 물관부 뒤흔드는 여름의 끝자락 말아 올리네요

—「장대비 내리면」 전문

이 시의 주도적 이미지는 여치의 울음이다. 그 바탕엔 절절함이 깔려 있다. 우선 배경을 보자. 늦여름의 비 오는 밤이다. 여치가 베란다의 꽃기린 화분에서 울고 있다. 시인은 그 울음에서 "가끔 목울대에서 어둠이 무릎관절을" 꺾는 소리를 듣는다. 지독한 아픔이다. 이를 느낄 수 있는 것은 여치가 처해 있는 상황을 누구보다 잘 알고 있기 때문이다. 주지하다시피 여치는 한여름 밤에 날개를 비벼 가며 운다. 울음소리를 듣고 찾아올 암컷을 기다리는 것이다. 그래야 짝짓기를 할 수 있다. 그러나 시에서 보듯 조건이 절망적이다. 비 오는 밤이고 늦여름이다. 비 오는 날은 습기로 인해 젖은 날개를 부딪쳐 소리 내기가 힘들다. 힘들지만 온 힘을 다해 짝을 부르고 있는 것이다. 또한 늦여름이라 철이 바뀌기 직전이다. 곧 서늘한 가을이 올 것이니 짝짓기를 할 수 있는 시간이 별로 없다.

상황이 절박하지 않을 수 없다.

시인의 귀는 이런 절절함을 "타는 석양보다 더 붉은 울음"으로 듣고 있다. "붉은 울음" 소리를 들으며 과거의 한 장면을 떠올린다. 다름 아닌 유년의 상처와 기억이다. 그 기억은 "젖은 땅에 젊은 아내 누이고 돌아오던 아배의 실신"으로 구체화된다. 여치의 울음에서 환기된 유년의 고통과 비애가 붉은 빛깔로 눈앞에 선명하게 다가오는 것이다. 그러나 시인은 이런 애절함과 절절함 속에 빠져 허우적거리지 않는다. 오히려 자신의 아픔을 속으로 삭인 채, "여름의 끝자락 말아" 올린다는 표현으로 객관화를 시도한다. 공감의 확산이 이루어지는 부분이다.

이렇듯 과거의 상처를 직설적으로 드러내지 않고 밤의 북채, 타는 석양, 등불, 빗소리 등의 이미지로 간접화해서 보여주는 절제의 미학은 이 시인의 가장 큰 덕목이기도 한데, 다음의 시편들은 그 이유를 말해 주기에 충분하다.

① 어머니의 온기 밴 마포 이불을 잠든 아버지 위에 덮어 드리고 거미처럼 아버지의 등에 붙어 지새우는 딸아이의 긴 여름밤

굵은 빗방울이 새벽을 일으켰지
아버지의 글썽한 눈 속에 이레 전, 상여꽃 징검다리 건너 가뭇없었던 어머니의 등 그늘이 일렁이고

—「긴 여름밤」 부분

② 살비듬 돋우는 개펄 속 어린 새끼들
젖줄 기다리는 지친 눈자위로

아직 열리지 않는 새벽 바닷결 더듬어
어미는 이랑이랑 불은 젖무덤 풀어낸다
—「어미 바다」 부분

①과 ②의 시편에 나타난 공통점은 어머니에 대한 그리움이다. ①의 시편을 보자. 어머니를 잃은 소녀의 슬픔이 가슴 안쪽에 꾹꾹 눌러 담겨 있는 모습을 볼 수 있다. '딸아이' 라는 데서 알 수 있듯, 어머니를 잃은 자신의 슬픔도 감당하기 힘든 어린 나이다. 그런데 오히려 어른스럽다. "어머니의 온기 밴 마포 이불을 잠든 아버지 위에 덮어 드리고" 아이는 아버지 등에 "거미처럼" 붙어서 밤을 지새우고 있는 것이다. 또한 가슴에서 터져 나오려는 울음 대신 "아버지의 글썽한 눈 속에" 일렁이는 "어머니의 등 그늘"을 보여 주고 있다. 아버지의 등 뒤에 붙어 숨죽이며 우는 이런 모습을 잔망스럽다고 해야 하나? 아니면 의연하다고 해야 하나? 자신보다 아버지의 슬픔을 먼저 챙기는 모습이 안타깝고 애절하게 다가오는 것이다. 울음을 눌러 담고 있는 어린 아이의 슬픔과 여치의 울음에서 느끼는, "타는 석양보다 더 붉은"(「장대비 내리면」) 빛깔이 더욱 생생하게 전해져 오는 이유다.

②의 시편에서는 "젖줄"의 이미지가 잘 드러난다. 젖줄의 이미지는 지는 해가 내뿜는 빛줄기를 "붉은 젖줄"(「해산」)로, 아침 햇살이 수련 위에 내리쬐는 모습을 "수련 젖가슴 헤집

으며 수유"(「나를 불러 세운다」)하는 모습으로 나타나기도 한다. 이러한 표현은 시인의 상상력이 모성에 바탕을 두고 펼쳐지고 있음을 말해 주는데, 이는 유년의 결핍에 대한 보상심리를 드러내는 부분이기도 하다. 여기서 우리는 시인이 자신의 시선에 포착되는 대상과 이미지에 개성을 덧칠하고 있음을 알게 된다. 그것은 곧 어머니의 젖가슴으로 상징되는 유년의 행복에 대한 추억이다. 그리고 그 행복이 짧았기에 더 강렬하고 생생하게 시인의 내면에 자리해 있다. 언제든 현실이 될 수 있는 것이기도 하다. 또 하나의 특징은 과거의 상처가 현재의 발목을 잡거나 앞으로의 삶에 장애물로 작용하지 않는다는 점이다. 결코 상처에 갇혀 있거나 연연하지 않는다는 뜻인데, 이는 나의 슬픔보다 남의 슬픔을 먼저 끌어안는 자세에서도 잘 알 수 있다. 이런 태도가 정혜옥 시인만의 고통을 드러내는 개성적인 방식이라 하겠다.

3.

슬픔과 고통을 드러내는 방식에서 볼 수 있었듯, 어린아이답지 않는 의연함은 상처에 매달리기보다는 치유 의지가 더 강하게 작용하고 있음을 의미한다. 이것은 삶과 자신 사이의 거리를 유지하거나, 사물의 이면을 '들여다보는' 일에서 잘 나타난다. 본다는 것은 보는 자가 대상을 살피는 일이다. 대상의 모양이나 구조 등 겉모습을 이해하려는 시도다. 그러나 들여다보는 것은 여기서 한 걸음 더 나아간다. 교류하고 교감하는 것이다. 교감을 통해 대상과 나와의 관계를 새롭게 한다. 이 관계는 '들여다보기', 즉 보면서 느끼고 공유하는 시선으로 구체화되게 마련이다.

따라서 다른 존재와의 교감을 바탕으로 하되 감정에 휘둘리지 않는 자세, 이런 자세는 타자(대상)를 향해 나아가려는 의도 이전에 나 자신에 대한 객관화를 전제로 한다. 나를 벗어나 타자 그 자체의 실상에 다가가야 하기 때문이다.

> 모내기 한창인 논두렁에
> 나이 든 자전거 한 대
> 제 그림자 내리고 잠시 졸 듯,
>
> 까치발 높이 솟은 솟대도 아니고 귓불 커다란 당나귀도 아닌, 흙에 몸을 갈아 낡아 버린 생의 바퀴 내려다보며 번득이는 빛살 챙챙 감아 돌리던 유년의 꿈에 빠져 어지럼증 앓는 듯,
>
> 페달 돌리며 번번이, 길 오르다 발목 접질리고 내려오다 이마를 찧었을 세월의 톱니에 등줄기 끌어 올리던 시절 떠올리고 있는 듯,
>
> 부러진 바큇살 사이로
> 야윈 바람이
> 알 수 없는 동그라미 문장을 그리며

묵은 녹을 핥고 있다

—「녹슨, 오수」 전문

이 시의 대상은 자전거라기보다는 시간이다. 시간이 응축된 것으로서의 사물(자전거)을 드러내고 있다. 그리고 그 방식은 철저히 객관화되어 있다. 대상에 가까이 다가서되 일정한 거리를 유지하면서 그 내면을 섬세하게 그려 낸다. 좀 더 자세히 살펴보자. 논둑에 자전거 한 대가 서 있다. "낡아 버린 생의 바퀴"나 "부러진 바큇살"이라고 하듯, 그야말로 "나이 든" 자전거다. 이 낡은 자전거를 보며 시인은 자전거의 내면에 자신을 투사하고 있다. 들여다보기다. '들여다본다'는 것은 제대로 '볼 줄 안다는 것'이고, 대상의 속성뿐만 아니라 관계 속에서 교류하고자 하는 의지를 내포한다. 이를 바탕으로 관계를 확산시켜 가는데 여기엔 시인이 어떤 자세를 취하고 있으며, 이를 어떻게 드러내느냐가 관건이 된다.

'어떻게'의 측면을 보자. 시인이 대상의 내면에 들어가서 본 것은 "잠시 졸고 있는 듯"하고, "유년의 꿈에 빠져 어지럼증 앓는 듯"하고, "세월의 톱니에 등줄기 끌어 올리던 시절 떠올리고 있는 듯"한 모습이다. 과거의 기억을 되살리고 있는데, 이 과거가 현재를 초라하게 하거나 누추하게 만들지 않는다. 오히려 낡아 가는 자신을 담담하게 받아들이는 태도를 취하고 있다. 회한이 아니라 자신의 현재를 긍정적으로 받아들이는 모습이다. 그렇기에 시간의 흐름은 부정적인 방향이 아니라 내적 성숙으로 이어지는 것이리라.

자칫 연민이나 안타까운 감정을 드러낼 법한 상황임에도 시인은 감정을 드러내지 않는다. 오히려 "묵은 녹을 핥고 있다"고 하듯 선명한 감각으로 드러낸다. 존재의 이면을 포착하고, 담담한 시선으로 내면의 모습을 그려 가는 것은 나에 비추어 대상을 보는 것이 기도 하다. 시인의 눈에 포착된 대상이나 풍경은 내면의 모습을 반영하기 때문이다. 이렇게 드러난 모습은 나를 객관화하면서 심리적 거리를 유지한 결과이고, 이는 과거의 상처나 기억으로부터 자유로운 상태이기에 가능하다는 것이다. 자유로운 삶이란 존재 방식을 긍정적이고 개방적으로 가질 때 가능하다.

나를 극복한 상태에서 같거나 유사한 상처와 슬픔을 지닌 존재를 보듬을 수 있는 것은 당연하다. 다음의 시편들을 보자.

> ① 난전에서 평생을 팔아 자식들을 허리춤에 엮었을, 자식들이라면 바윗덩어리라도 품었을, 골병든 할머니의 두두둑 무릎 꺾이는 소리
>
> —「할머니의 속눈썹에 갈꽃이 성글다」 부분

> ② 저물어 가는 토담집 댓돌 위
> 흰 고무신 한 켤레 입 쩌억 벌린 채
> 빨간 우체통에 온종일 눈길 주고 있다
> 벌겋게 단 삼거리
> 어느새 어두운 길 하나씩 사라져 간다
>
> —「고무신 한 켤레와 우체통」 부분

다른 존재와의 교류와 교감이야말로 시적 사유의 한 특성이다. 달리 말한다면 교감이란 존재의 상호 교환이라 할 것이다. 이것은 나와 너, 나와 대상, 나와 나 자신 사이 어디서나 가능하다. ①의 시편에서와 같이 타인의 고통을 받아들이는 태도가 그것이고, ②의 시편에서 보이는 기다림과 그리움을 읽어 내는 시선이 그것이다.

들여다보기, 즉 응시의 시선이란 나 자신과 관련해서는 나에게 집중하는 것이라 할 수 있다. 나 자신에게 붙들림으로써 현재의 나를 돌아보게 된다. 이른바 존재론적인 문제다. 과거의 내용과 비추어 볼 때, '나는 과거로부터 자유로운가?' '발목을 잡혀 연민이나 자기비하에 빠져 있는 것은 아닌가?' '고독을 받아들일 수 있는가?' 등등의 반성적 질문으로 이어질 것이다. 그러나 시선을 밖으로 돌리면 사정이 달라진다. 타자(대상)에게로 나아가려는 의지와 행위로 이어진다. 앞의 시에서 볼 수 있듯, 극도로 절제되고 응결된 서정은 이미 자신을 넘어 같은 상처를 지닌 존재들을 끌어안는 힘으로 작용한다. 타자의 소리에 귀를 기울이고 감싸 안는 방향으로 나아가는 것이다. 타자에 대한 이해와 공감의 폭이 곧 인간에 대한 이해의 폭인 셈이다.

4.

타자를 이해하고, 그 처지에 공감하고, 대신해서 말하는 것은 자신을 확장하는 일이다. 자아의 확대를 위해서는 나 중심의 사유, 자기중심적 사유를 벗어나려는 노력이 필요하다. '나와 너'가 같은 처지에 놓인 존재라는 인식이 바탕이 될 때 진정한 관계가 맺어지고 이를 바탕으로 자기 확대가 가능하기 때문이다. 그래야만 새로운 눈으로 너를 볼 수 있고, 너의 소리를 들을 수 있고, 너를 대신해서 말할 수 있다. 이런 점에서 시인의 관심과 시선이 지하철 계단에서 길 잃은 사마귀(「일탈」), 짐 가득 실은 리어카를 끌고 팔차선 횡단보도를 건너는 노인(「잠깐만요」), "낡은 시간의 각질들"을 실은 이삿짐(「느티나무 수화」) 등 안타까운 대상으로 옮겨 가는 것은 자연스런 일이다.

그들의 눈동자는 온몸이 식이食餌 촉수다
석순石筍들로 거멓게 뒤덮여
카타콤 지하 동굴이 된 꾸깃꾸깃한 역사
휴지 조각으로 굴러다닌다

냉각된 한국인의 심장
그들의 피를 역류시키는 뒷골목에서
오만한 자본주의가 플래시를 터트린다

토막잠들이 포개어진 쪽방

빈창자 속을 유영하는
착취된 노동의 해진 지폐가
하루 한 끼의 허한 라면으로 팅팅 불어 있다

꿈에서까지 쫓기던 나날들
엄마 배 속에서부터 숨이 차던
검은 피부의 눈이 큰 아이
링거 호스에 잇댄 어지러운 생명줄 기어이 놓쳐 버린다

깨어나지 못한 생명의 숨결
어느 하늘의 요람에서 푸른 햇살 마시고 있을까

동굴의 침샘에서 폐유가 흐르는 곶串
바람 끝에 매달린 위태로운 눈동자들
빛살 스며들 날 언제일까
고단한 희망의 뼈 부딪는 소리들
공허하게 떠도는 이 지상에
그들의 이정표는 과연 어디에?
—「이정표는 어디로—불법체류 외국인 노동자」 전문

이 시에서 보이는 자기 확대의 모습은 '생명줄' 을 통해 드러난다. 생명줄은 세계와 자신을 연결시키는 연결 고리 역할을 한다. 아울러 새롭게 맺는 관계 속에 자신을 위치시키는데, 그곳은 우리 사회의 그늘이다. 이 시에서는 우리 사회의 어둡고 음습한 그늘 중 하나인 불법체류자의 삶을 자신의 삶과 연관시킨다. 즉 우리 삶의 이면을 파헤치는 것이다. "바람 끝에 매달린 위태로운 눈동자들"의 삶이다. 낯선 땅에서 "그들의 눈동자는 온몸이 식이食餌 촉수다"라고 하듯 그들의 삶은 하루살이의 삶이다. 새로 태어난 아이의 삶 또한 위태롭지 않을 수 없다. 아이에겐 늘 쫓기는, 꿈속에서까지 쫓기는 어머니가 있을 뿐이다. 더 이상 어머니의 젖줄에 기대 생명을 이어 갈 수조차 없다. 그렇기에 아이가 "링거 호스에 잇댄 어지러운 생명줄 기어이 놓쳐 버린다"고 하듯, 우리가 사는 세상은 이미 아이가 살아갈 만한 곳이 아니라는 얘기다.

새 생명조차 지킬 수 없게 만드는 것은 우리 사회의 "오만한 자본주의"가 지닌 배타성이다. 이런 배타성 앞에 나 이외의 것은 모두 타자요, 타자는 모두 배제되어야 할 존재다. 이런 폭력성이 우리 삶을 비극적으로 만들어 놓고 있다는 현실인식이다. 시인은 이런 냉혹하고 비극적인 삶에 대해 분노(「성자와 거지」)하기도 하지만, 생명의 끈과 연대를 향한 희망과 애정을 놓지 않는다. 그의 애정은 말기 암환자인 남편과 다운증후군의 아들과 함께 사는 이를 찾아가, 자물쇠로 잠긴 집 앞에서 "내 안에 가슴앓이 피멍울 조등 켜지고"(「적막을 잠근 채 우두커니」) 있음을 발견하는 것으로, 다리를 다친 채 벌렁 나자빠진 새에게서 "얘야, 엄마를 어디에서 잃었니?" (「하루 반의 반려」)라며 가슴에 품는 행위로 나타나기도 한다.

이렇게 본다면 정혜옥의 이번 시집은 '줄'의 이미지를 중심으로 전개되고 있다고 해도 과언이 아니다. 젖줄과 탯줄로 구체화된 '줄'은 과거와 현재와 미래를 잇는 삶의 연속성이자 희망의 끈이다. 개인적으로는 '줄'이 끊어지는 아픔을 겪

었지만, 끊어졌기에 그 소중함을 누구보다도 절실히 느끼지 않을 수 없었던 것이리라. 그 절실함은 스스로 끊어진 줄을 잇고, 또 이를 자신 밖으로 벋어 가는 일로 나아간다. 잃어버린 모성을 찾아 이를 삶의 원천으로 삼는 일이다. 모성이란 무엇인가. 춥고 외로운 것들을 끌어안는 마음이다. 자신의 아픔보다 타인의 아픔을 먼저 느끼는 성정이다. 나무가 자신의 상처를 극복하고 열매를 맺어 새를 불러 모으고, 지친 영혼들에게 시원한 그늘을 제공하는 것과 다를 바 없다. 과거의 상처를 극복하고, 그 상처가 지닌 아픔을 알기에 타인의 고통에 동참하고 같이 아파할 수 있는 것이다. 이는 이 시집 곳곳에서 상처받은 이들을 찾아 실상을 드러내고, 끌어안으며 세상과 소통하는 모습에 잘 나타나 있다. 이런 마음의 줄기들을 벋어 "바람도 햇살도 그녀의 한 생애를 비껴가는데 덜 자란 제 못난 아기 차마 내려놓을 수 없는, 어머니"(「눈부신 고통」)의 마음을 실현하고 있는 것이다.

시인 정혜옥

전남 곡성 출생.
광주대학교 문예창작학과 대학원 졸업.
2002년『시와사람』여름호에 신인상으로 등단.
시집『돌 속에는 파도가 산다』가 있음.
35년 동안 의상디자인을 연구해 왔으며,
현재 '정혜옥 컬렉션'을 운영하고 있음.

E-mail : jade1101@hanmail.net

불러 세우다

지은이 | 정혜옥
펴낸이 | 김재돈
펴낸곳 | 도서출판 시와시학
1판1쇄 | 2014년 3월 30일
출판등록 | 2010년 8월 10일
등록번호 | 제2010-000036호
주소 | 서울 종로구 명륜동1가 42
전화 | 744-0110
FAX | 3672-2674
값 10,000원

ISBN 978-89-94889-70-2 03810